AF284784

Impressum
Verlag: BABADADA GmbH, Nedderfeld 112 , 22529 Hamburg
Geschäftsführer / Verlagsleitung: Harald Hof
Druck: Books on Demand GmbH, In de Tarpen 42, 22848 Norderstedt

Imprint
Publisher: BABADADA GmbH, Nedderfeld 112 , 22529 Hamburg, Germany
Managing Director / Publishing direction: Harald Hof
Print: Books on Demand GmbH, In de Tarpen 42, 22848 Norderstedt

shule

سکول

sajili
کلاس روم
kugawanya
تقسیم
186/2
ubao
بورڈ
mwalimu
استاد
سکول نا میدان
karatasi
کاغذ
kuandika
لکھنا
kalamu
قلم
dawati
میز
rula
سکیل
kitabu
کتاب
mwanafunzi
شاگرد

mkoba

جزدان

kikasha cha penseli

پینسل دا ڈبہ

penseli

پینسل

kichonga penseli

پینسل شارپنر

mpira

ربر

pedi ya kuchora

ڈرائنگ پیڈ

uchoraji

ڈرائنگ

brashi ya rangi

پینٹ برش

sanduku la rangi

پینٹ باکس

mkasi

قینچی

gundi

گلو

daftari

مشقی کتاب

kazi ya nyumbani

گھر دا کم

nambari

عدد

jumlisha

جمع

ondoa

تفریق

zidisha

ضرب

kokotoa

کیلکولیٹ

barua

خطره

alfabeti

حروف تہجی

neno

لفظ

maandishi

متن

kusoma

پڑھنا

chaki

چاک

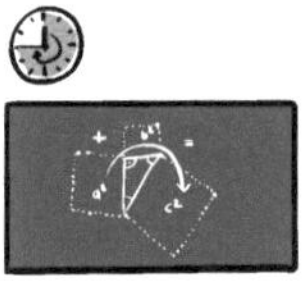

somo

سبق

sajili

رجسٹر

uchunguzi

امتحان

cheti

سند

sare za shule

سکول نی وردی

elimu

تعلیم

elezo

انسائیکلوپیڈیا

chuo kikuu

یونیورسٹی

darubini

مائیکرو سکوپ

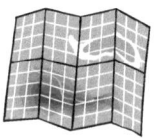

ramani

نقشہ

kikapu cha kuweka karatasi chafu

کچرے نا ڈبہ

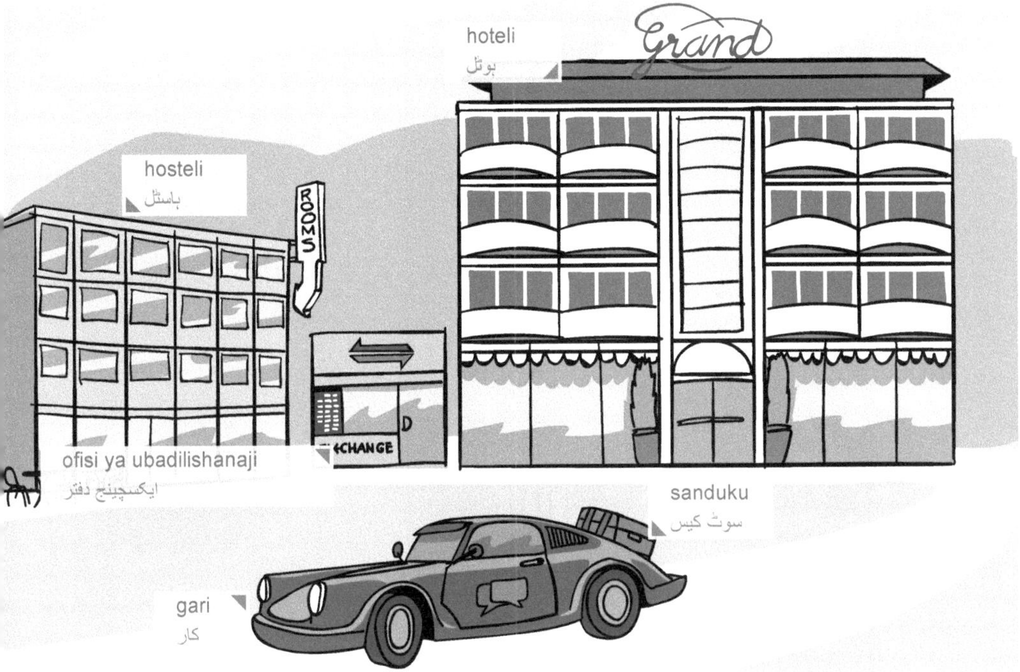

hoteli
ہوٹل
Grand
hosteli
ہاسٹل
ROOMS
EXCHANGE
ofisi ya ubadilishanaji
ایکسچینج دفتر
sanduku
سوٹ کیس
gari
کار

lugha
بولی

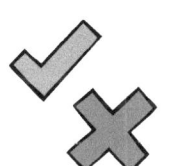

ndiyo / la
ہاں /نہیں

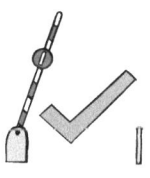

sawa
ٹھیک ہے

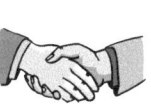

hujambo
اسلام و علیکم

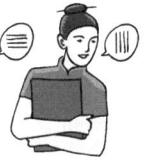

mtafsiri
ترجمان

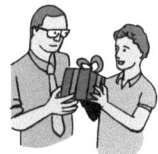

Asante
شکریہ

kiasi gani ni ...?

....

ایہہ کنے نے ؟

Sielewi

....

می سمجھ نئیں رلی

tatizo

....

مسئلہ

Jioni njema!

....

اسلام و علیکم

Habari za asubuhi!

....

اسلام و علیکم

Usiku mwema!

....

اللہ حافظ

kwa heri

....

اللہ نے حوالے

mwelekeo

....

سمت

mizigo

....

سامان

mfuko

....

بیگ

shanta

....

بیک پیک

mgeni

....

مہمان

chumba

....

کمرہ

begi la kulalia

....

سلیپنگ بیگ

hema

....

خیمہ

taarifa ya utalii

سیاح لئی معلومات

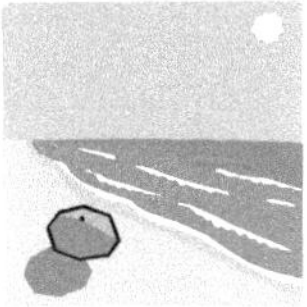

ufuo

ساحل سمندر

kadi

کریڈٹ کارڈ

kifunguakinywa

ناشتہ

chakula cha mchana

دوپہر نا کھانا

chakula cha jioni

رات نا کھانا

tiketi

ٹکٹ

kuinua

لفٹ

muhuri

مہر

mpaka

بارڈر

mila

کسٹمز

ubalozi

ایمبیسی

visa

ویزا

pasipoti

پاسپورٹ

usafiri

ٹرانسپورٹ

ndege
جہاز
meli
پانی آلا جہاز
injini ya moto
فائر انجن
basi
بس
lori
ٹرک
motaboti
موٹر بوٹ
baiskeli
بائیک
gari
کار

feri

فیری

mashua

کشتی

pikipiki

موٹر بائیک

gari la polisi

پولیس کار

gari la mashindano

ریسنگ کار

gari la kukodisha

کرایہ نی گڈّ

kushiriki gari

....

کار شیئرنگ

lori la kuvuta

....

بریک ڈاؤن ٹرک

ukusanyaji taka

....

ریفیوز ٹرک

motor

....

موٹر

mafuta

....

فیول

kituo cha mafuta

....

پٹرول سٹیشن

ishara trafiki

....

ٹریفک سائن

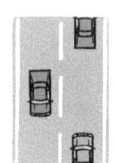

trafiki

....

ٹریفک

msongamano

....

ٹریفک جام

macgcsho

....

کار پارک

kituo cha treni

....

ریل سٹیشن

reli

....

ٹریکس

garimoshi

....

ریل

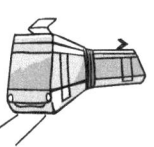

tremu

....

ٹرام

gari la mizigo

....

کیرج

helicopta

بیلی کاپٹر

uwanja wa ndege

ائر پورٹ

mnara

مینار

abiria

مسافر

chombo

کنٹینر

katoni

کاٹن

mkokoteni

چھکڑا

kikapu

بالٹی

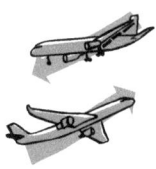

ondoka

اڈنا / لہنا

jiji

شہر

kijiji

پنڈ

katikati ya jiji

سٹی سینٹر

nyumba

کھار

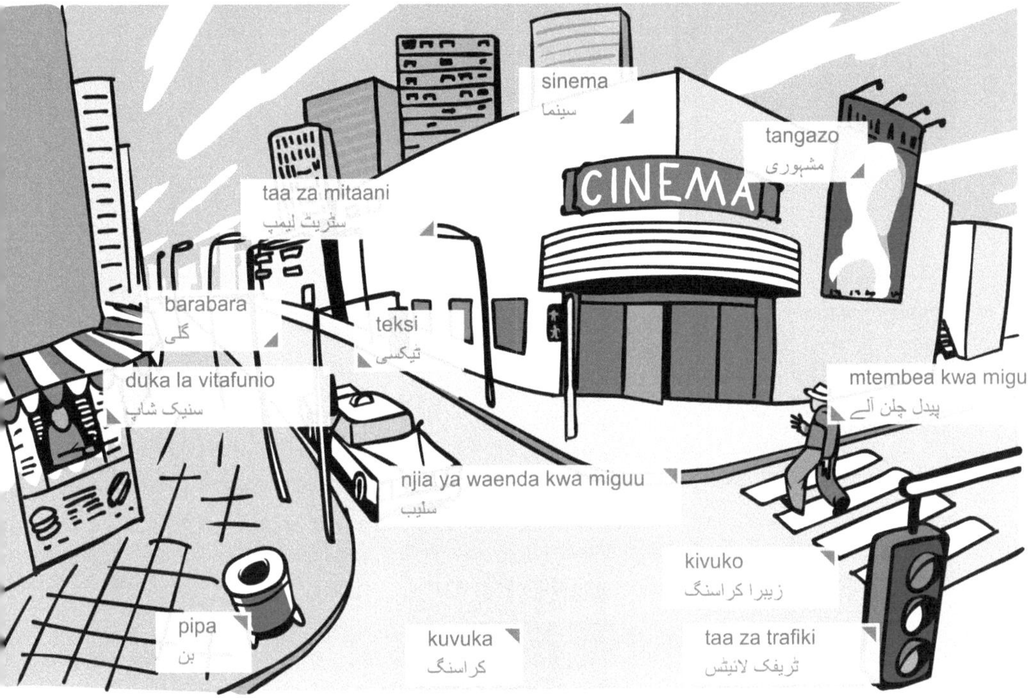

CINEMA

sinema / سينما

tangazo / مشہوری

taa za mitaani / سٹریٹ لیمپ

barabara / گلی

teksi / ٹیکسی

duka la vitafunio / سنیک شاپ

mtembea kwa miguu / پیدل چلن آلے

njia ya waenda kwa miguu / سلیپ

kivuko / زیبرا کراسنگ

pipa / بن

kuvuka / کراسنگ

taa za trafiki / ٹریفک لائٹس

kibanda

ہٹ

gorofa

فلیٹ

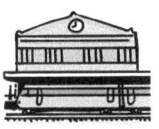

kituo cha treni

ریل سٹیشن

ukumbi wa mji

ٹاؤن ہال

Makavazi

میوزیم

shule

سکول

chuo kikuu

یونیورسٹی

benki

بنک

hospitali

ہسپتال

hoteli

ہوٹل

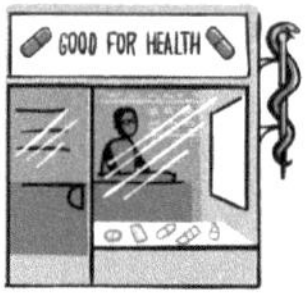

duka la dawa

فارمیسی

ofisi

دفتر

duka la kitabu

کتب خانہ

duka

ہٹی

duka la maua

پھلاں الے

dukakuu

سپر مارکیٹ

soko

بازار

idara ya kuhifadhi

ڈیپارٹمنٹ سٹور

mwuza samaki

مچھیرے

kituo cha ununuzi

شاپنگ سینٹر

bandari

بندرگاہ

Hifadhi

پارک

benki

بنچ

daraja

پل

vidato

سیڑھیاں

chini ya ardhi

انڈر گراونڈ

handaki

ٹنل

kituo cha mabasi

بس سٹاپ

bar

بار

mgahawa

ریسٹورنٹ

sanduku la posta

پوسٹ بکس

ishara ya barabara

سٹریٹ سائن

mita ya maegesho

پارکنگ میٹر

bustani ya wanyama

چڑیا گھر

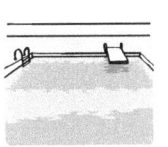

kidimbwi cha kuogelea

سوئمنگ پول

msikiti

مسجد

shamba

فارم

uchafuzi

آلودگی

makaburini

قبرستان

kanisa

چرچ

uwanja wa michezo

پلے گراؤنڈ

hekalu

مندر

mazingira

منظر

jani

پتّہ

ishara ya mwelekeo

سائن پوسٹ

njia

راہ

malisho

سر سبز میدان

jiwe

پتھر

mti

درخت

mtembeaji wa masafa

بائکر

mto

دریا

nyasi

گھاس

ua

پھول

bonde

وادی

kilima

پہاڑی

ziwa

نہر

msitu

جنگل

jangwa

صحرا

volkano

آتش فشاں

ngome

قلعہ

upinde wa mvua

رین بو

uyoga

کھمبی

mtende

پام ٹری

mbu

مچھر

kuruka

مکھی

chungu

چیونٹا

nyuki

مکھی

buibui

مکڑی

mende

....

بھونرا

chura

....

مینڈک

kuchakuro

....

گلہری

nungunungu

....

سیہہ

sungura

....

ساهیا

bundi

....

الو

ndege

....

پرندہ

swan

....

راج ہنس

nguruwe mwitu

....

نر سور

kulungu

....

برن

aina ya kongoni

....

بارہ سنگا

bwawa

....

ڈیم

tabo ya upepo

....

ونڈ ٹربائن

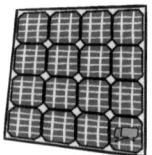

nishaji ya jua

....

شمسی توانائی دا پینل

hali ya hewa

....

آب و ہوا

mgahawa
ریسٹورنٹ

mhudumu
ویٹر
menyu
مینیو
kiti
کرسی
supu
سوپ
piza
پیزا
vilia
پھانڈے
kitambaa cha mezani
میز نا کپڑا

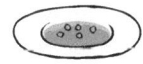

kiamsha hamu

ستارٹر

kozi kuu

مین کورس

kitindamlo

ڈیزرٹ

vinywaji

مشروب

chakula

کھانا

chupa

بوتل

chakula cha haraka

فاسٹ فوڈ

Streetfood

سٹریٹ فوڈ

buli

ٹی پاٹ

kisanduku cha sukari

شوگر بول

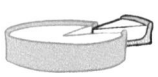

sehemu

پورشن

mashine ya espresso

اسپریسو مشین

kiti kirefu

بانی چئیر

muswada

بل

trei

ٹرے

kisu

چھری

uma

کنڈا

kijiko

چمچ

kijiko cha chai

ٹی سپون

nepi

تولیہ

glasi

گلاس

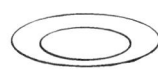

sahani

پلیٹ

sahani ya supu

سوپ پلیٹ

sufuria

ساسر

mchuzi

چٹنی

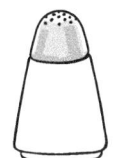

kichanyaji chumvi

نمک دانی

kinu cha pilipili

پیپر مل

siki

سرکہ

mafuta

تیل

viungo

مصالحہ

kechapu

کیچپ

haradali

سرہیئوں

kachumbari nzito

مینیز

dukakuu

سپر مارکیٹ

ofa maalum
سپیشل آفر
FOR
mteja
گاہک
maziwa
ڈیری
toroli
ٹرالی
matunda
پھل

mchinjaji

قصائی

mwokaji

بیکرز

uzito

وزن

mboga

سبزیاں

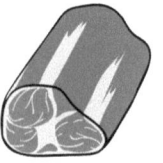

nyama

گوشت

chakula waliohifadhiwa

فروزن فوڈ

vipande vya nyama baridi

کولڈ گوشت

chakula cha kopo

ٹن فوڈ

sabuni ya unga

واشنگ پوڈر

pipi

مٹھائی

bidhaa za kaya

گھر دیاں چیزاں

bidhaa za kusafisha

صفائی آلی چیزاں

mtu mauzo

سیل مین

mpaka

تل

keshia

کیشیر

orodha ya manunuzi

شاپنگ لسٹ

masaa ya ufunguzi

کھلن دا ویلا

mkoba

پرس

kadi

کریڈٹ کارڈ

mfuko

بیگ

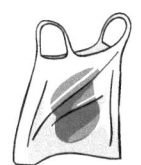

mfuko wa plastiki

پلاسٹک بیگ

vinywaji

مشروب

maji

پانی

sharubati

جوس

maziwa

ددھ

coke

کوک

mvinyo

شراب

bia

شراب

pombe

شراب

kakao

کوکا

chai

چا

kahawa

کافی

spreso

اسپریسو

kapuchino

کیپچینو

ndizi

....

کیلا

tufaha

....

سیب

machungwa

....

موسمبی

tikiti

....

تربوز

lemon

....

نیمبو

karoti

....

گاجر

kitunguu saumu

....

لہسن

mianzi

....

بانس

kitunguu

....

پیاز

uyoga

....

کھمبی

karanga

....

میوے

nudo

....

نوڈلز

spageti

سپیگیٹی

mpunga

چاول

saladi

سلاد

vibanzi

چپس

viazi vya kukaanga

تلے ہوئے آلو

piza

پیزا

hambaga

ہیم برگر

sandwichi

سینڈوچ

kipande

تکے

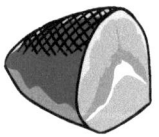

paja la mnyama

ہیم

salami

سلامی

soseji

ساسج

kuku

مرغی

choma

بھنیا ہویا

samaki

مچھی

oats ya uji

جو نا دلیہ

muesli

مولی

cornflakes

کارن فلیکس

unga

اٹا

kroisanti

کرائسنٹ

andazi

بریڈ رول

mkate

روٹی

mkate wa kubanika

ٹوسٹ

biskuti

بسکٹ

siagi

مکھن

maziwa mgando

دہی

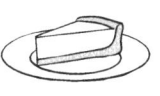

keki

کیک

yai

انڈا

yai kukaanga

تلیا انڈا

jibini

پنیر

aiskrimu

....

آئس کریم

sukari

....

چینی

asali

....

شہد

jemu

....

جام

kuenea kwa chokoleti

....

چاکلیٹ سپریڈ

mchuzi wa viungo

....

سالن

فارم

nyumba ya kilimo
فارم ہاؤس
ghalani
گودام
majani bale
ونڈا
uwanja
farasi
گھوڑا
trela
ٹرالی
trekta
ٹریکٹر
mtoto
بچھیرا
punda
کھوتا
kondoo
بھیڈ
mwanakondoo
بھیڑ

mbuzi

بکری

ng'ombe

گاں

ndama

بچھڑا

nguruwe

سور

mwananguruwe

پگ لیٹ

fahali

بیل

batabukini

بطخ

bata

بطخ

kifaranga

چوزه

kuku

مرغی

jogoo

مرغا

panya

چوہا

paka

بلی

panya

چوہا

ng'ombe

بیل

mbwa

کتا

nyumba ya mbwa

کتے نا کھار

bomba la bustani

لان نا پائپ

debe la kumwagilia maji

پانی نا ڈبی

fyekeo

درانتی

kulima

ہل

mundu

درانتی

jembe

بو

uma wa nyasi

ترنگل

shoka

کوہاڑی

toroli

ریڑھی

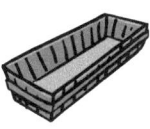

kupitia nyimbo

ڈونگا

chombo cha maziwa

ددھ نا ڈبہ

gunia

بورا

ua

باڑ

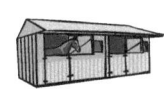

imara

اصطبل

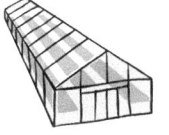

chafu

گرین ہاؤس

udongo

مٹی

mbegu

بیج

mbolea

کھاد

kivunaji

کمبائن ہارویسٹر

mavuno

فصل

mavuno

فصل

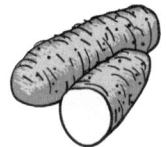

viazi vikuu

یامز

ngano

کنک

soya

سویا

viazi

آلو

mahindi

مکئی

rapa

تلی

mti wa matunda

پهلدار درخت

muhogo

کاساوا

nafaka

اناج

nyumba
کھار

chimni
چمنی
paa
چھت
bomba la maji ya mvua
نالی
dirisha
کھڑکی
gareji
گیراج
kengele ya mlangoni
دروازے نی گھنٹی
mlango
دروازہ
pipa la taka
کچرا دان
sanduku la barua
لیٹر باکس
bustani
باغ

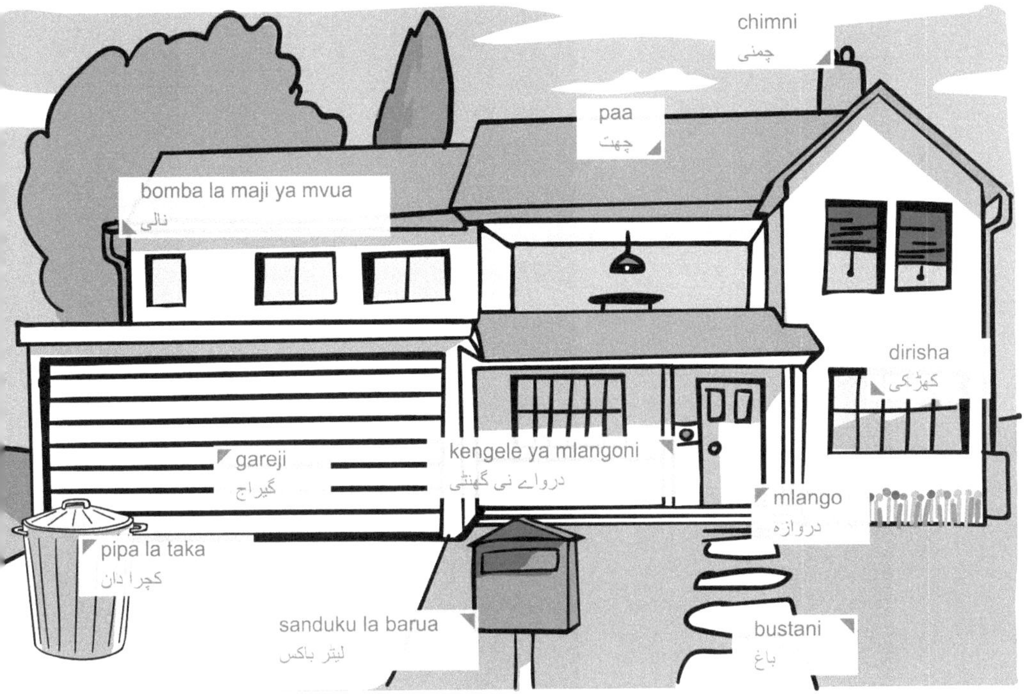

sebuleni

لونگ روم

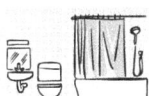

bafu

باتھ روم

jikoni

باورچہ خانہ

chumba cha kulala

بیڈروم

chumba ya mtoto

بچیاں نا کمرہ

chumba cha kulia

ڈائننگ روم

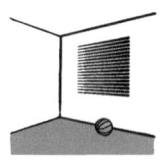

sakafu

فرش

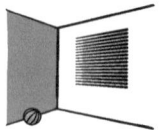

ukuta

دیوار

dari

چھت

pishi

سلہا

sauna

سوانا

roshani

بالکنی

mtaro

ٹیرس

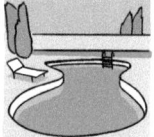

kidimbwi

پول

mashine ya kukata nyasi

لان موور

karatasi

شیٹ

kitambaa cha kupamba kitanda

بیڈ سپریڈ

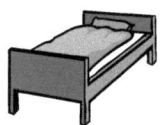

kitanda

بیڈ

ufagio

جھاڑو

ndoo

بالٹی

kubadili

سوئچ

sebuleni
لونگ روم

mandhari
وال پیپر
picha
تصویر
taa
لیمپ
rafu
شیلف
kabati
الماری
televisheni/runinga
ٹیلیویژن
mekoni
آگ دان
ua
پھل
mto
کشن
sofa
صوفہ
chombo cha maua
گلدان
kitenzambali
ریموٹ کنٹرول

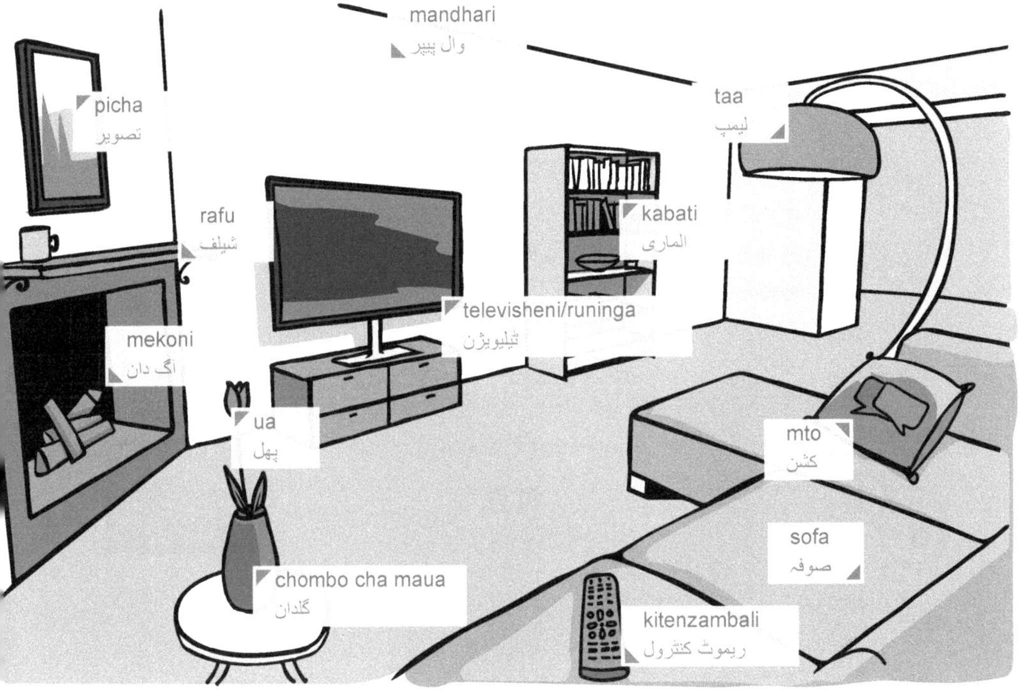

zulia
قالین

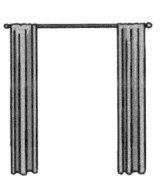

pazia
پردے

meza
میز

kiti
کرسی

kiti cha bembea
راکنگ چئیر

armchair
ارم چئیر

kitabu

کتاب

blanketi

کمبل

mapambo

ڈیکوریشن

kuni

کولے

filamu

فلم

kifaa cha hi-fi

ہائی فائی آلات

ufunguo

چابی

gazeti

اخبار

uchoraji

پینٹنگ

bango

پوسٹر

redio

ریڈیو

daftari

نوٹ پیڈ

kifyonza

ہوور

dungusi kakati

کیکٹس

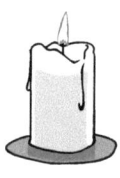

mshumaa

موم بتی

jikoni

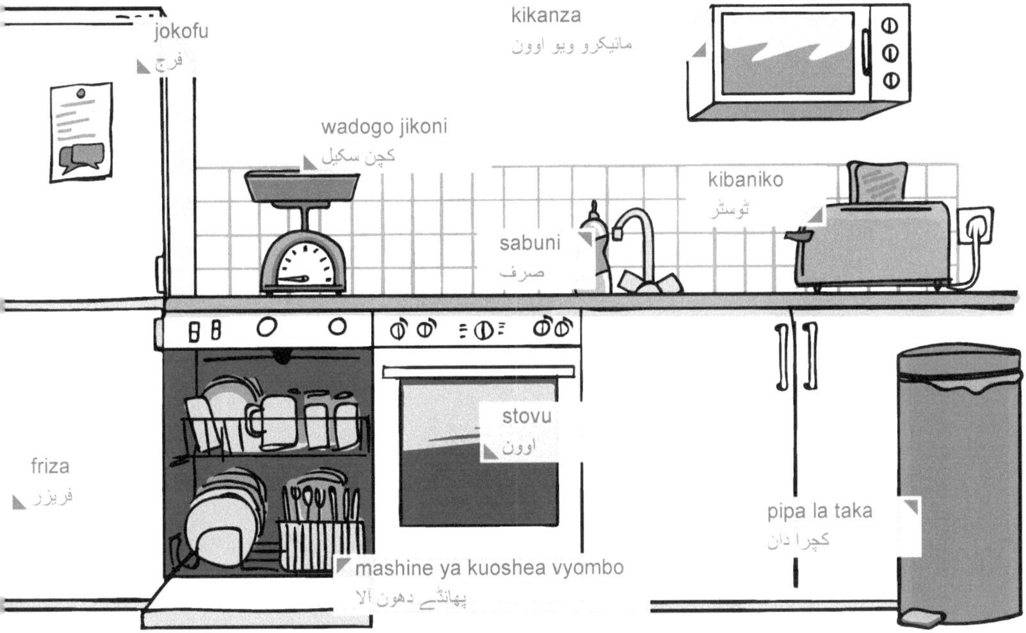

jokofu
فرج
kikanza
مائیکرو ویو اوون
wadogo jikoni
کچن سکیل
kibaniko
ٹوسٹر
sabuni
صرف
stovu
اوون
friza
فریزر
pipa la taka
کچرا دان
mashine ya kuoshea vyombo
پھانڈے دھون آلا

jiko la kupika

ککر

chungu

پاٹ

sufuria ya chuma

کاسٹ آیرن پاٹ

wok / kadai

ووک / کڈائی

kaango

پین

birika

کیتلی

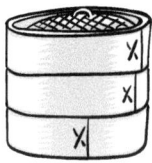

stima

سٹیمر

sinia ya kuoka

بیکنگ ٹرے

vyombo vya udongo

پھانڈے

kombe

مگا

bakuli

پیالہ

vijiti vya kulia

چوپ سٹکس

ukawa

کرچھل

mwiko mpana

اسپالی

burashi

پھینٹن آلا

kichujio

چھننا

chujio

چھننی

mbuzi

جھاواں

chokaa

کھان پکان آلا چمچہ

barbeque

باربی کیو

moto wazi

چولھا

ubao wa majaribio

کٹنگ بورڈ

kijiti cha kusukuma unga

رولنگ پن

kizibuo

کارک سکرو

kopo

کین

inaweza kopo

کین کھلون الا

kishikio cha chungu

پاٹ پگڑن آلا

karo

سنک

brashi

برش

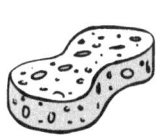

sifongo

سپنج

kisagaji matunda

بلینڈر

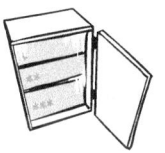

friji ya kina

ڈیپ فریزر

chupa ya mtoto

بچے نی بوتل

bomba

ٹوٹی

bafu

باتھ روم

joto
mfereji wa kuogea
شاور
taulo
تولیہ
pazia la kuogea
شاور کرٹن
maji ya kuoga yenye povu
hodhi
نہان آلا ٹب
glasi
گلاس
mashine ya kuosha
واشنگ مشین
bomba
ٹوٹی
vigae
ٹائل
poti
پاخانہ
karo
سنک

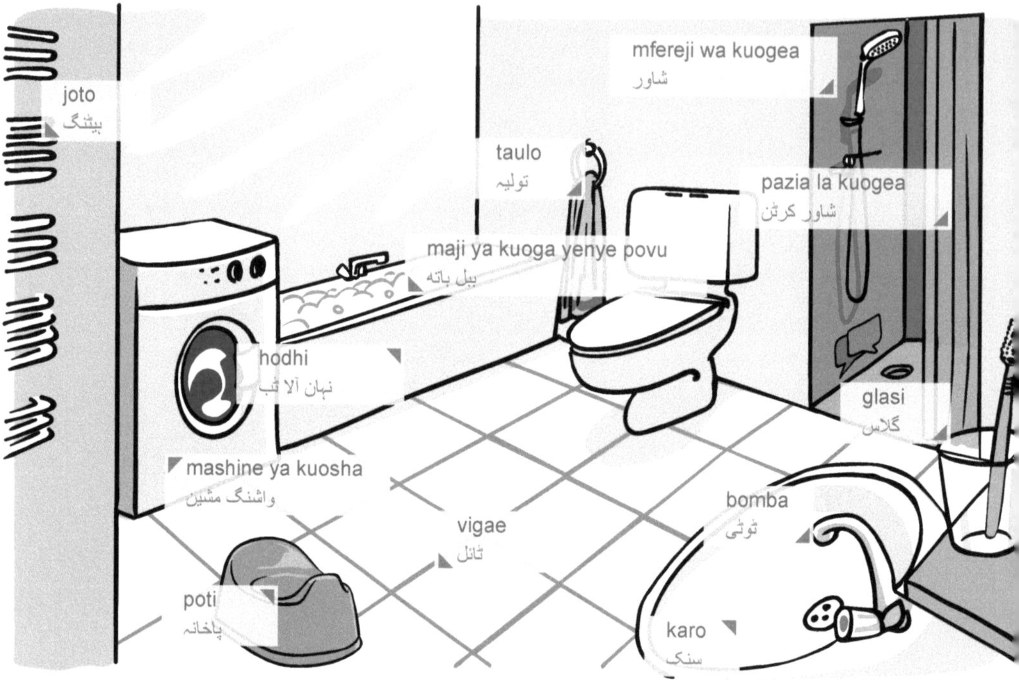

choo

ٹوائلٹ

choo cha squat

ٹوائلٹ

beseni la mviringo

بڈٹ

choo cha umma

پیشاب

shashi

ٹوائلٹ پیپر

brashi ya choo

ٹوائلٹ برش

mswaki

ٹوتھ برش

dawa ya meno

ٹوتھ پیسٹ

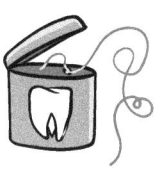

dawa ya meno

ڈینٹل فلاس

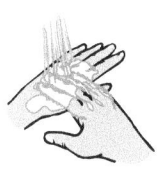

safisha

دھونا

kuoga mkono

ہتھ وچ پھڑن آلا شاور

msukumo wa maji

شاور

bonde

بیسن

mpako wa pili

بیک برش

sabuni

صابن

jeli ya kuogea

شاور جیل

shampuu

شیمپو

flana

فلالین

toa maji

نالی

krimu

کریم

kiondoa harufu

ڈیوڈرنٹ

kioo

آئینہ

kioo mkono

ہتہ آلا شیشہ

kinyozi

استرا

povu la kunyoa

شیونگ فوم

baada ya kunyoa

آفٹر سیو

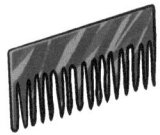

kichana

کنگھا

brashi

برش

kikausha nywele

ہئیر ڈرائر

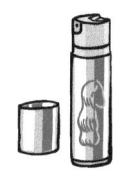

marashi ya nyewele

ہئیر سپرے

vipodozi

میک اپ

kidomwa

لپ سٹک

varnish ya msumari

ناخن نی وارنش

pamba

کاٹن وول

mkasi wa kucha

ناخن کتر

manukato

پرفیوم

mkoba wa kuosha

....

واش بیگ

kinyesi

....

پاخانہ

mizani

....

وزن دا پیمانہ

nguo ya kuoga

....

باتھ نی الماری

glavu za mpira

....

ربر نے دستانہ

kisodo

....

بفر

sodo

....

تولیہ سٹینڈ

kemikali choo

....

کیمیکل ٹوائلٹ

chumba ya mtoto

بچیاں نا کمرہ

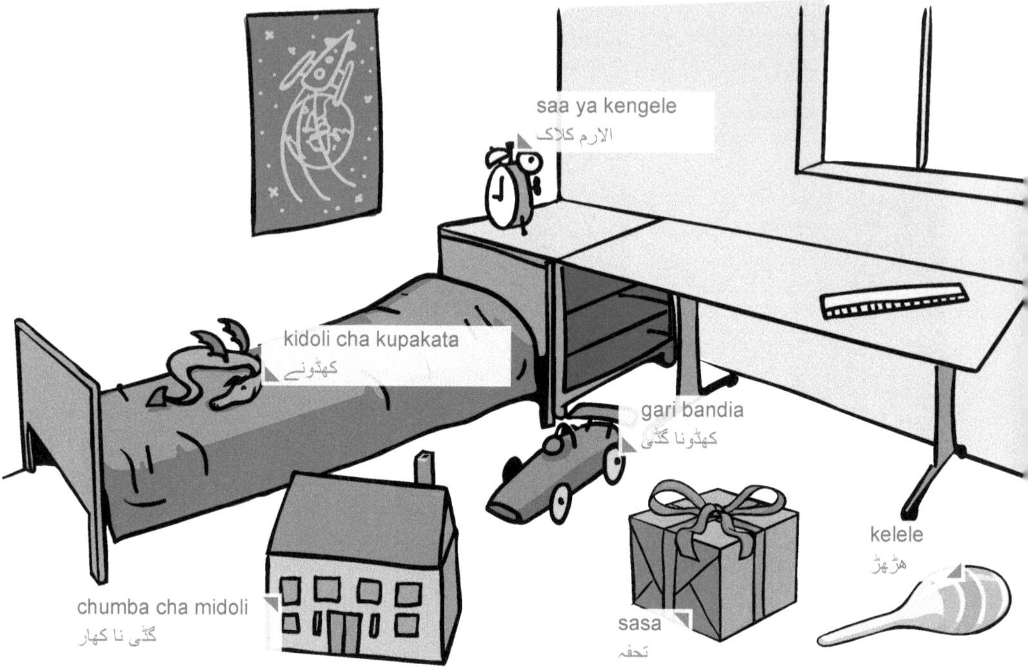

saa ya kengele
الارم کلاک
kidoli cha kupakata
کھڈونے
gari bandia
کھڈونا گڈی
kelele
ھڑبھڑ
chumba cha midoli
گڈی نا کھار
sasa
تحفہ

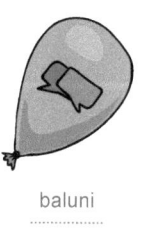

baluni

پھکانا

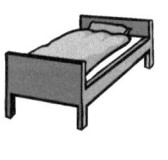

kitanda

بیڈ

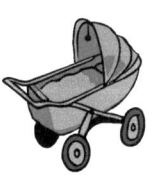

mashua

پرام

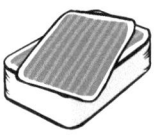

staha ya kadi

تاش نے پتے

mchezo-fumb

جگ سا

SUPER MEGA

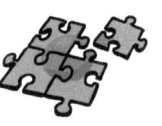

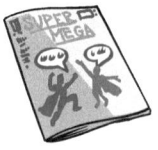

vichekesho

کامک

matofali lego

....

لیگو برکس

vitalu mwigo

....

بلڈنگ بلاکس

hatua takwimu

....

کھڈونا

suti ya kulalia

....

بےبی گرو

kisahani

....

فرزوی

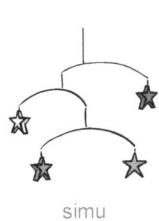

simu

....

موبائل

ubao wa michezo

....

بورڈ گیم

kete

....

ڈائس

garimoshi mwigo

....

ماڈل ٹرن سیٹ

dummy

....

ڈمی

chama

....

پارٹی

picha kitabu

....

تصویری کتاب

mpira

....

گیند

kikaragosi

....

گڑیا

kucheza

....

کھیلنا

shimo la mchanga

سینڈ پٹ

bembea

جھولا

vitu bandia

کھلونے

kiweko cha video ya mchezo

ویڈیو گیم کنسول

baiskeli ya magurudumu

ٹرائی سائیکل

matatu

mwanasesere

ٹیڈی بئیر

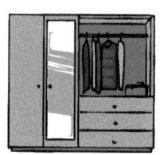

kabati

الماری

nguo

کپڑے

soksi

جرابیں

stokingi

جرابیں

kibano

ٹائٹس

skafu
سکارف
mwavuli
چھتری
fulana
ٹی شرٹ
ukanda
بیلٹ
viatu
بوٹ
ndara
سلیپر
wakufunzi
جوگر

malapa
....
سینڈل

viatu
....
جوتی

mabuti ya mpira
....
ربر نے جوتی

suruali ya ndani
....
انڈر وئیر

sidiria
....
برا

fulana
....
بنیان

mwili

جسم

suruali

پاجامہ

dangirizi

جینز

sketi

سکرٹ

blauzi

برا

shati

قمیض

vuta

سوئیٹر

sweta

ہوڈی

bleza

کوٹ

jaketi

جیکٹ

koti

کوٹ

koti la mvua

برساتی

maleba

کاسٹیوم

gauni

کپڑے

mavazi ya harusi

شادی نا جوڑا

suti

....

سوٹ

vazi la usiku

....

راتے نے کپڑے

pajama

....

پاجامہ

sari

....

ساڑھی

skafu

....

سکارف

kilemba

....

پگڑی

burka

....

برقعہ

kaftan

....

کفتان

abaya

....

برقعہ

vazi la kuogelea

....

نہان والے کپڑے

vazi la kiume la kuogelea

....

انڈرونیر

kaptura

....

نیکر

teitei

....

ٹریک سوٹ

aproni

....

دھوتی

glavu

....

دستانے

kifungo

بٹن

glasi

چشمہ

bangili

بریسلیٹ

mkufu

ہار

pete

انگوٹھی

herini

کنڈے

kofia

ٹوپی

kiango cha koti

کوٹ ہینگر

kofia

ٹوپی

tai

ٹائی

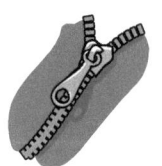

zipu

زپ

kofia

ہیلمٹ

kanda za suruali

بریسز

sare za shule

سکول نی وردی

sare

وردی

bibu

بب

dummy

ڈمی

nepi

ناپی

ofisi

دفتر

seva
سرور
kabati la kuweka faili
فائلاں نے الماری
kichapishaji
پرنٹر
kiwambo
مانیٹر
karatasi
کاغذ
dawati
میز
kipanya
ماؤس
folda
فولڈر
kibodi
کی بورڈ
u cha kuweka karatasi chafu
kompyuta
کمپیوٹر
kiti
کرسی

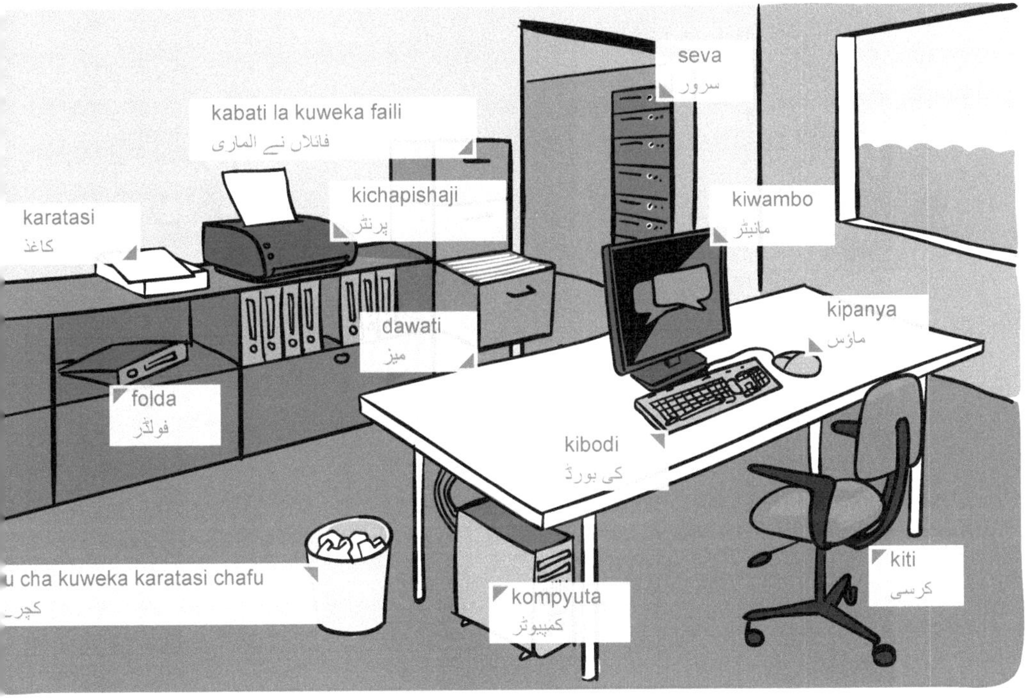

kmobe la kahawa

کافی مگ

kikokotoo

کیلکولیٹر

biashara

انٹرنیٹ

mbali

لیپ ٹاپ

barua

خط

ujumbe

پیغام

rununu

موبائل

intaneti

نیٹ ورک

fotokopia

فوٹو کاپئیر

programu

سافٹ وئیر

simu

ٹیلیفون

soketi

پلگ ساکٹ

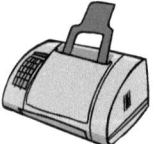

kipepesi

فکس مشین

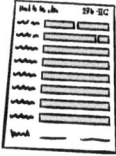

fomu

فارم

hati

دستاویزات

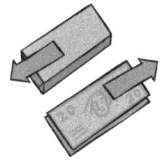

kununua

خریدنا

kulipa

ادا کرنا

biashara

تجارت

fedha

پیسہ

dola

ڈالر

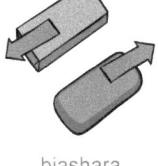

yuro

یورو

yeni

ین

rouble

ربل

faranga ya Uswisi

سویس فرانک

renminbi yuan

رینمینبی یوان

rupia

روپیہ

eneo la kulipia

کیش پوائنٹ

ofisi ya ubadilishanaji

ایکسچینج دفتر

dhahabu

سونا

fedha

چاندی

mafuta

تیل

nishati

توانائی

bei

قیمت

mkataba

معاہدہ

kodi

ٹیکس

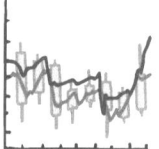

bidhaa

سٹاک

kazi

کم

mfanyakazi

ملازم

mwajiri

آجر

kiwanda

فیکٹری

duka

ہٹی

afisa wa polisi
پلس افسر

mzimamoto
اگ بجهان الا

rubani
پائلٹ

mpishi
کک

daktari
ڈاکٹر

mtunza bustani

مالی

seremala

برهئی

mshonaji

درزن

hakimu

جج

mwanakemia

کیمسٹ

muigizaji

ایکٹر

dereva wa basi

....

بس ڈرائیور

dereva wa teksi

....

ٹیکسی ڈرائیور

mvuvi

....

مچھیرا

mwanamke wa kusafisha

....

صفائی آلی جنانی

mwezekaji

....

روفر

mhudumu

....

ویٹر

mwindaji

....

شکاری

mchoraji

....

پینٹر

mwokaji

....

بیکری آلا

umeme

....

الیکٹریشن

mjenzi

....

تعمیرات آلا

mhandisi

....

انجینئیر

mchinjaji

....

قصائی

fundi bomba

....

پلمبر

mwanaposta

....

پوسٹ مین

mwanajeshi

سپاہی

msanifu majengo

آرکیتیکٹ

keshia

کیشئیر

muuza maua

پهلاں الا

msusi

نائی

kondakta

کنڈکٹر

mekanika

مکینک

nahodha

کپتان

daktari wa meno

دندان ساز

mwanasayansi

سائنس دان

rabbi

ربانی

imamu

امام

mtawa

راہب

kasisi

انگریز

zana

ٹولز

nyundo
ہتھوڑا
koleo
bisibisi
سکریو ڈرائیور
spana
سپینر
kurunzi
ٹارچ

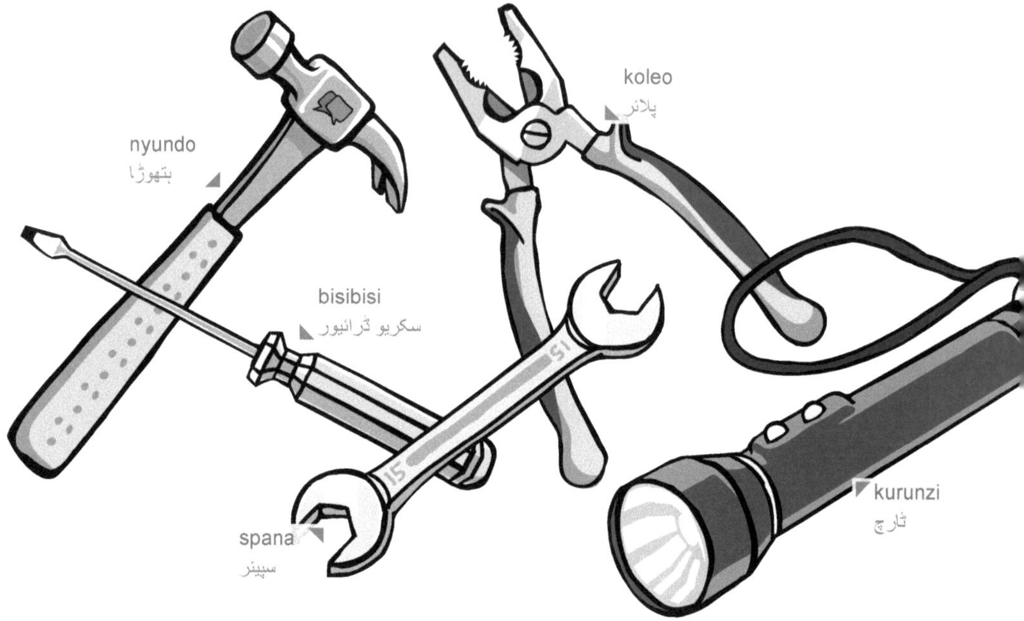

mchimbaji

پھاوڑا

sanduku la vifaa

ٹول باکس

ngazi

سیڑھی

msumeno

آری

misumari

کیل

kuchimba visima

ڈرل

kukarabati

مرمت

sepetu

شاول

Lo!

لعنت!

kishikio cha uchafu

ڈسٹ پین

chungu cha rangi

پینٹ پاٹ

skurubu

سکریوز

ala za muziki

موسیقی نے آلات

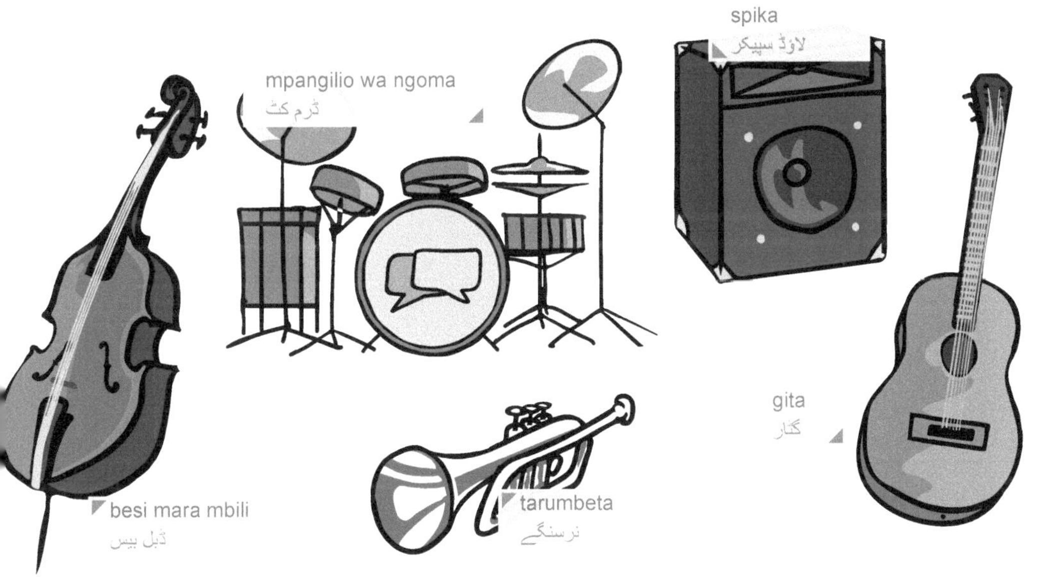

spika
لاؤڈ سپیکر
mpangilio wa ngoma
ڈرم کٹ
gita
گٹار
besi mara mbili
ڈبل بیس
tarumbeta
نرسنگے

piano

پیانو

fidla

وائلن

ubeji

بیس

timpani

ٹمپانی

ngoma

ڈرمز

kibodi

کی بورڈ

saksafoni

سیگزو فون

filimbi

بانسری

maikrofoni

مائکروفون

bustani ya wanyama

چڑیا کھار

lango la kuingia
داخلہ
simbamarara
چیتا
ngome
پنجرہ
pundamilia
زیبرا
chakula cha mifugo
جانوراں دا کھانا
panda
پانڈا

wanyama

جانور

tembo

ہاتھی

kangaruu

کینگرو

kifaru

گینڈا

sokwe

گوریلا

dubu

ریچھ

ngamia

اونٹ

mbuni

شترمرغ

simba

شیر

tumbili

باندر

heroe

فلیمنگو

kasuku

طوطا

dubu

برفانی ریچھ

penguini

پینگوئین

papa

شارک

tausi

مور

nyoka

سپ

mamba

مگرمچھ

mtunza wanyama

چڑیا گھر دا رکھوالا

muhuri

سیل

jaguar

جیگوار

mwanafarasi

پونی

chui

لیپرڈ

kiboko

ہپو

twiga

زرافہ

tai

چیل

nguruwe mwitu

نر سور

samaki

مچھی

kobe

کیچھوا

sili

والرس

mbweha

لومبڑ

paa

گیزل

michezo
کھیڈنا

soka ya marekani
امریکن فٹبال
uendeshaji baiskeli
سائکلنگ
tenisi
ٹینس
mpira wa kikapu
باسکٹ بال
kuogelea
سوئیمنگ
ndondi
باکسنگ
magongo ya barafuni
آئس ہاکی

soka

فٹبال

vinyoya

بیڈ منٹن

riadha

ایتھلیٹکس

mpira wa mikono

ہینڈ بال

skii

سکیینگ

polo

پولو

kuruka
چھال مارنا

kumbatia
چھپی پانا

cheka
ہنسنا

kutembea
چلنا

kuimba
گانا گانا

ota ndoto
خواب

kuomba
دعا

busu
بوسہ

kuandika	kuteka	angalia
لکھنا	لیک لانا	وکھانا
sukuma	kutoa	kuchukua
دھکا	دینا	لینا

kuwa

بے وے

fanya

کرنا

kuwa

ہو

kusimama

کھلونا

kukimbia

دوڑنا

vuta

چیھکنا

kutupa

سٹنا

kuanguka

ٹھینا

hadaa

جھوٹ

kusubiri

انتظار

kubeba

چکنا

kukaa

بیھنا

vaa nguo

کپڑے پانا

usingizi

سونا

kuamka

جاگنا

kuangalia

ویکھنا

lia

رونا/چلانا

kiharusi

سٹروک

chana nywele

کنگھا

ongea

گل کرنا

kuelewa

سمجھنا

kuuliza

پوچھنا/دسنا

kusikiliza

سننا

kunywa

پینا

kula

کھانا

nadhifisha

تیار ہونا

upendo

محبت

mpishi

پکانا

gari

گڈی چلانا

kuruka

اڈنا

meli

....

سمندری سفر

kokotoa

....

کیلکولیٹ

kusoma

....

پڑھنا

kujifunza

....

سیکھنا

kazi

....

کم

kuoa

....

شادی

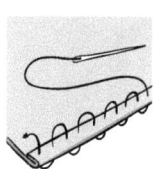

kushona

....

سیونا

piga mswaki

....

دند صاف

kuua

....

قتل

moshi

....

دھواں

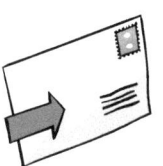

kutuma

....

بھیجنا

familia
کنبہ

bibi
دادی
babu
دادا
baba
پیو
mama
mtoto
بچہ
binti
دھی
bin
پتر

mgeni

مہمان

shangazi

ماسی / پھو

mjomba

چاچا/ماما

kaka

بھرا

dada

بہن

mwili

جسم

paji la uso
متھا
jicho
اکھ
uso
منہ
kidevu
ٹھوڑی
kidole
انگلی
mkono
mkono
bega
منڈھے
matiti
چھاتی
mguu
لت

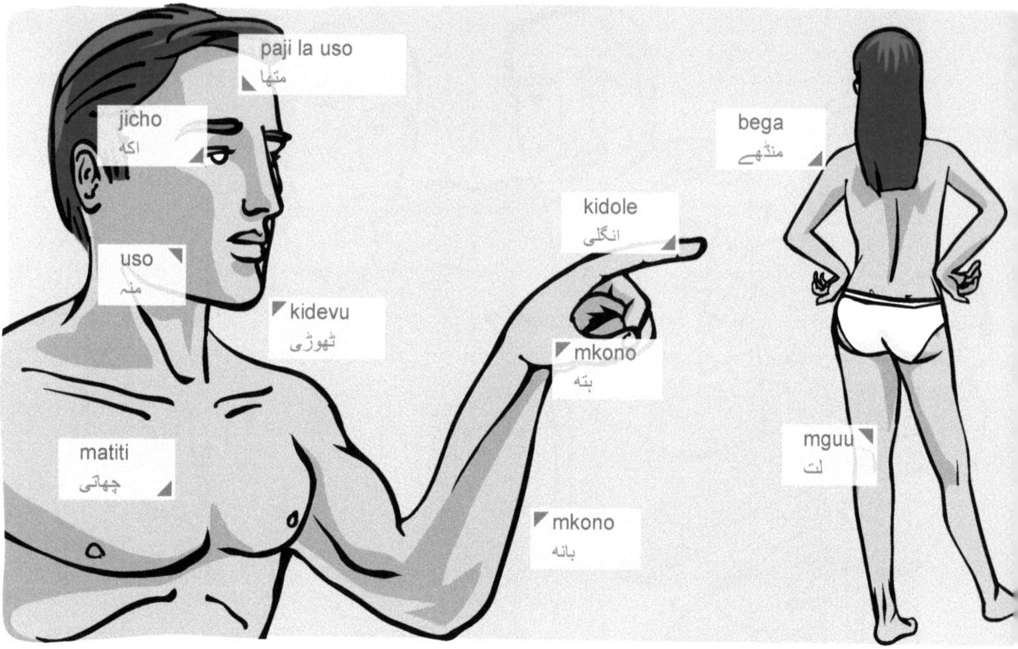

mtoto

بچہ

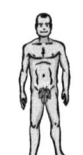

mwanamume

بندہ

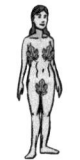

mwanamke

جنانی

msichana

کڑی

mvulana

مڑا

kichwa

سر

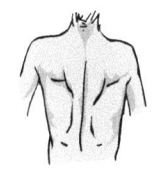

nyuma

کمر

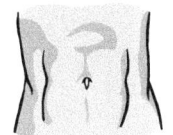

tumbo

ٹھڈ

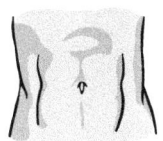

kitovu

تہنی

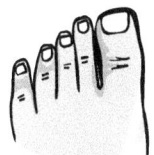

chano

پنجہ

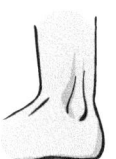

kisigino

اڈی

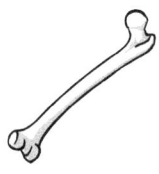

mfupa

ہڈہ

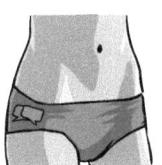

nyonga

کولہے

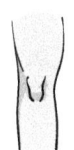

goti

گوڈے

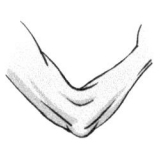

kiwiko

کہنی

pua

نک

chini

زیر جامہ

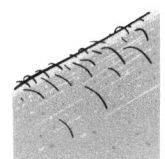

ngozi

کھل

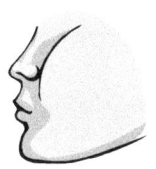

shavu

گلاں

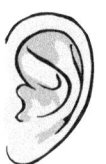

sikio

کن

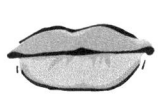

mdomo

بل

kinywa

منہ

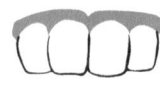

jino

دند

ulimi

زبان

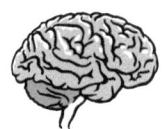

ubongo

دماغ

moyo

دل

misuli

پٹھے

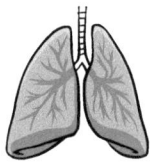

pafu

پھیپڑے

ini

جگر

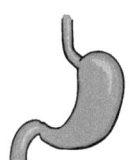

tumbo

ٹھڈ

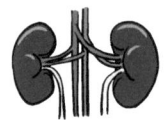

figo

گردے

jinsia

جنس

kondomu

کنڈم

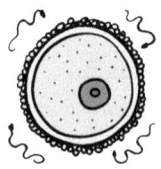

ovari

انڈے

shahawa

منی

mimba

حمل

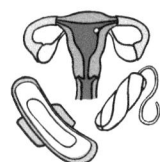

hedhi

حیض

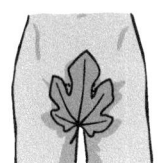

uke

اندام نهانی

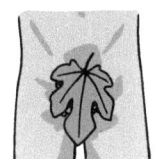

uume

عضو تناسل

unyusi

بهون

nywele

بال

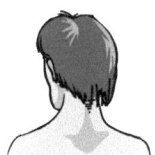

shingo

گردن

hospitali

ہسپتال

hospitali
ہسپتال
gari la wagonjwa
ایمبولنس
kiti cha magurudumu
وھیل چئیر
jeraha
فریکچر

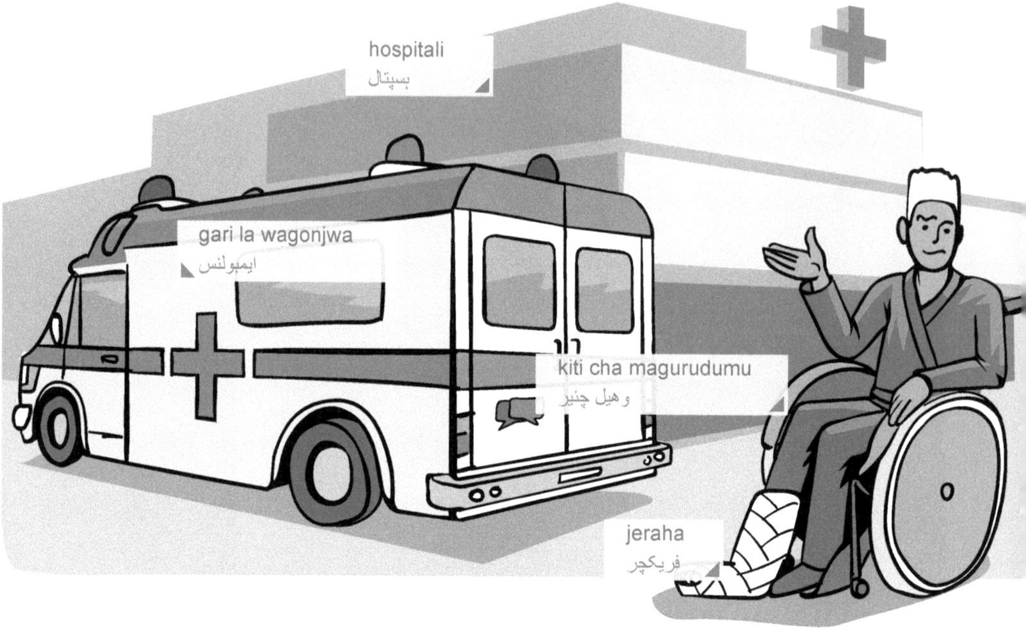

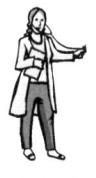

daktari

ڈاکٹر

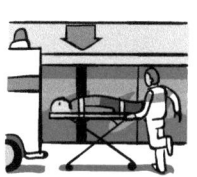

chumba cha dharura

ہنگامی کمرہ

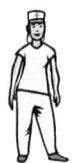

muuguzi

نرس

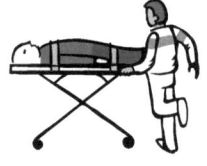

dharura

ایمرجنسی

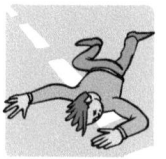

kupoteza fahamu

بے ہوش

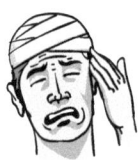

maumivu

درد

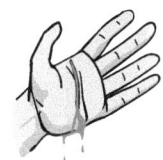

kuumia

سٹ

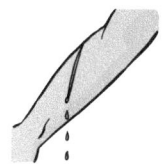

kutokwa na damu

خون نکلنا

mshtuko wa moyo

دل نا دورہ

kiharusi

فالج

mzio

الرجی

kikohozi

کھنگ

homa

تپ

mafua

نزلہ

kuharisha

اسہال

maumivu ya kichwa

سر درد

kansa

کینسر

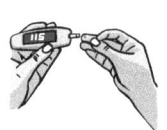

ugonjwa wa kisukari

شوگر (ذیابطس)

daktari mpasuaji

سرجن

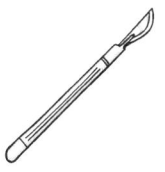

kisu kidogo cha kupasulia

سکیلپیل

operesheni

اپریشن

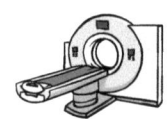

picha changanufu ya mwili

سی ٹی

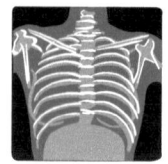

Eksrei

ایکسرے

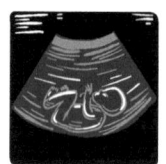

mawimbi sauti

الٹرا ساؤنڈ

barakoa ya uso

چہرہ نا ماسک

ugonjwa

بماری

chumba cha kusubiri

انتظار گاہ

mkongojo

بیساکھی

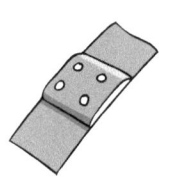

plasta

پلستر

bendeji

پٹی

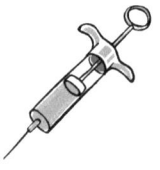

sindano

ٹیکہ

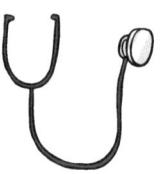

stetoskopu

سٹیتھوسکوپ

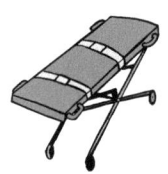

machela

اسٹریچر

kipimajoto cha kliniki

کلینکل تھرمومیٹر

kuzaliwa

پیدائش

unene kupita kiasi

زائدالوزن

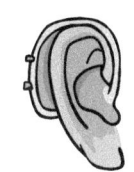

kusikia misaada

سنن لئی آلہ

kipukusi

جراثیم کش

maambukizi

متعدی مرض

virusi

وائرس

VVU / UKIMWI

HIV/AIDS

dawa

دوائی

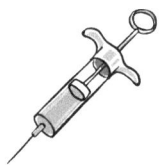

chanjo

ویکسینیشن

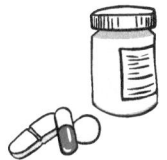

vidonge

گولیاں

kidonge

گولی

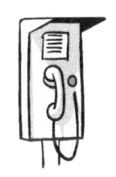

simu ya dharura

ہنگامی کال

haemodainamometa

بلڈ پریشر مانیٹر

mgonjwa / mwenye afya

بیمار / صحتمند

dharura

Msaada!

مدد!

kengele

الارم

pigo

حملہ

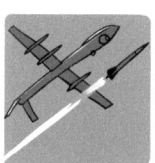

shambulizi

حملہ

hatari

خطرہ

lango la dharura

ہنگامی اخراج

Moto!

آگ!

kizima moto

آگ بجھانے والا آلہ

ajali

حادثہ

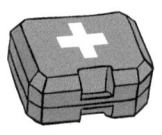

vifaa vya huduma ya kwanza

فرسٹ ایڈ کٹ

wito wa msaada

SOS

polisi

پلس

Ulaya

یورپ

Amerika ya Kaskazini

شمالی امریکہ

Amerika ya Kusini

جنوبی امریکہ

Afrika

افریقہ

Asia

ایشیاء

Australia

استریلیا

Atlantiki

اتلانتک

Pasifiki

پیسیفک

Bahari ya Hindi

بحیره بند

Bahari ya Antaktiki

بهیره انتارکتک

Bahari ya Aktiki

بهیره آرکتیک

Ncha ya Kaskazini

قطب شمالی

Ncha ya Kusini

قطب جنوبی

Antaktika

انتارکتیکا

dunia

زمین

nchi

خشکی

bahari

سمندر

kisiwa

جزیره

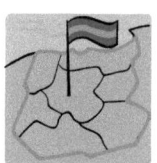

taifa

قوم

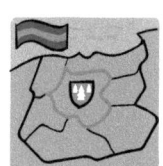

jimbo

ریاست

saa
گھڑی

uso wa saa

کلاک فیس

akrabu ya saa

نکی سوئی

akrabu ya dakika

وڈی سوئی

akrabu ya sekunde

سیکنڈ ہینڈ

Ni saa ngapi?

کی ٹائم ہویا اے؟

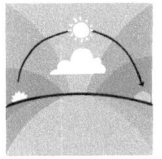

siku

دن

wakati

وقت

sasa

ہون

saa ya dijitali

ڈیجیٹل گھڑی

dakika

منٹ

saa

گھنٹہ

Jumatatu
سوموار
MO

Jumatano
بدھ وار
W

Ijumaa
جمعہ
FR

TU

TH

Jumamosi
ہفتہ
SA

Jumanne
منگل وار

SO

Alhamisi
جمعرات

Jumapili
اتوار

jana
کل

leo
آج

kesho
کل

asubuhi
سویر

saa sita mchana
دوپہر

jioni
شام

MO	TU	WE	TH	FR	SA	SU
1	2	3	4	5	6	7
8	9	10	11	12	13	14
15	16	17	18	19	20	21
22	23	24	25	26	27	28
29	30	31	1	2	3	4

siku za biashara
کاروباری دن

MO	TU	WE	TH	FR	SA	SU
1	2	3	4	5	6	7
8	9	10	11	12	13	14
15	16	17	18	19	20	21
22	23	24	25	26	27	28
29	30	31	1	2	3	4

mwishoni mwa wiki
ویک اینڈ

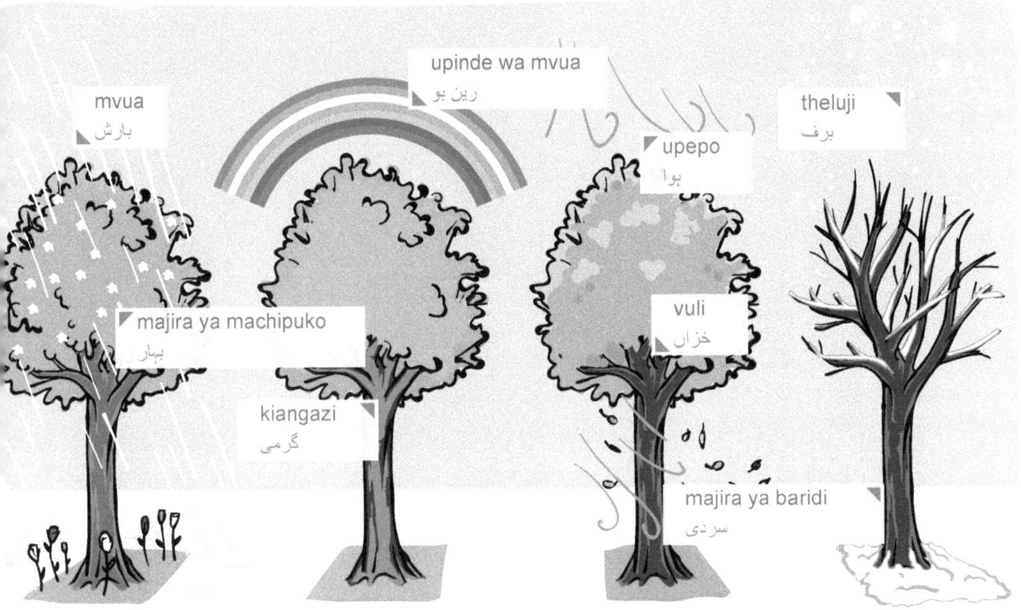

mvua
بارش

upinde wa mvua
رین بو

upepo
ہوا

theluji
برف

majira ya machipuko
بہار

kiangazi
گرمی

vuli
خزاں

majira ya baridi
سردی

4.APRIL	11°	☀
5.APRIL	4°	⛅
6.APRIL	13°	🌧
7.APRIL	8°	☀
8.APRIL	10°	☀

utabiri wa hali ya hewa

موسمی پیشگوئی

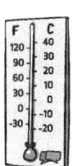

kipimajoto

تھرمامیٹر

mwanga wa jua

سورج نے چمک

wingu

بدل

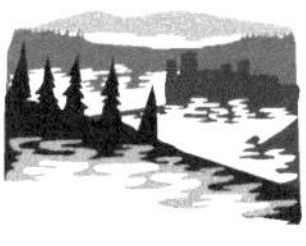

ukungu

دھند

unyevu

نمی

umeme

بجلی کڑکنا

radi

گرج

dhoruba

نہیری

mvua ya mawe

اولے

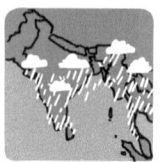

monsuni

ساون

mafuriko

سیلاب

barafu

برف

Januari

جنوری

Februari

فروری

Machi

مارچ

Aprili

اپریل

Mei

مئی

Juni

جون

Julai

جولائی

Agosti

اگست

Septemba

ستمبر

Oktoba

اکتوبر

Novemba

نومبر

Desemba

دسمبر

maumbo

شکلاں

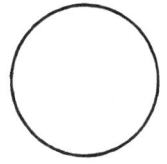

mduara

گول

mraba

چوکور

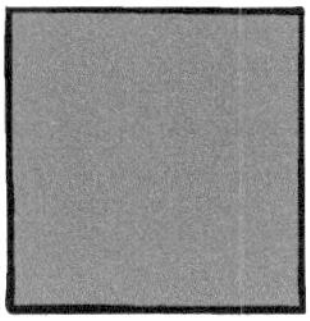

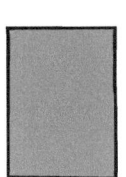

mstatili

مستطیل

pembetatu

مثلث

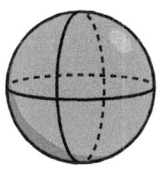

nyanja

دائره نما

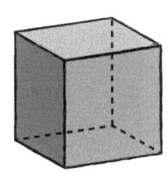

mchemraba

مکعب

rangi
رنگ

nyeupe

چٹا

manjano

پیلا

chungwa

نارنجی

rangi ya waridi

گلابی

nyekundu

رتا

hudhurungi

جامنی

bluu

نیلا

kijani

ہرا

hanja

کتھئی

jivujivu

سرمئی

nyeusi

کالا

kinyume
مخالف

mengi / kidogo
....
زیاده / گهٹ

hasira / pole
....
ناراض / پرسکون

nzuri / mbaya
....
خوبصورت / بدصورت

mwanzo / mwisho
....
ابتداء / اختتام

kubwa / ndogo
....
وڈّا / نکا

angavu / giza
....
روشن / نهیرا

kaka / dada
....
بهرا / بہن

safi / chafu
....
صاف / گندا

kamilika / tokamilika
....
مکمل / نا مکمل

siku / usiku
....
دن / رات

wafu / hai
....
مرده / انده

pana / nyembamba
....
چوڑا / تنگ

kulika / kutolika

خوردنی / ناقابل خوردنی

ovu / ema

پھیڑا / چنگا

sisimkwa / udhika

خوش / ناخوش

nene / nyembamba

موٹا / پتلا

kwanza / mwisho

پہلا / آخری

rafiki / adui

دوست / دشمن

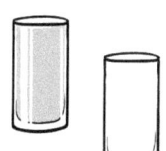

jaa / tupu

بھریا / خالی

ngumu / laini

سخت / نرم

nzito / nyepesi

بھاری / ہلکا

njaa / kiu

بھوک / پیاس

mgonjwa / mwenye afya

بیمار / صحتمند

haramu / kisheria

قانونی / غیر قانونی

akili / kijinga

ذہین / بیوقوف

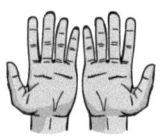

kushoto / kulia

کھبا / سجا

karibu / mbali

کولے / دور

mpya / kutumika

نواں / پرانا

kitu / jambo

کجھ نئیں / سب کجھ

zee / changa

بڈھا / جوان

waka / zima

کھولنا / بند کرنا

wazi / fungwa

کھولنا / بند کرنا

utulivu / kelele

خاموشی / شور

tajiri / masikini

امیر / غریب

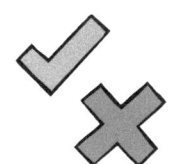

sahihi / kosa

درست / غلط

mbaya / laini

کھردرا / ہموار

huzunika / furahia

افسردہ / خوش

fupi /ndcfu

نکا / لما

polepole / haraka

اہستہ / تیز

nyevu / kavu

گیلا / خشک

joto / baridi

گرم / ٹھنڈا

vita / amani

جنگ / امن

nambari

اعداد

0	1	2
sufuri	moja	mbili
صفر	اک	دو
3	4	5
tatu	nne	tano
تن	چار	پنج
6	7	8
sita	saba	nane
چه	ست	اٹھ
9	10	11
tisa	kumi	kumi na moja
نو	دس	یاراں

12	13	14
kumi na mbili	kumi na tatu	kumi na nne
....	....	....
باراں	تیراں	چودا
15	16	17
kumi na tano	kumi na sita	kumi na saba
....	....	....
پندرہ	سولہ	ستاراں
18	19	20
kumi na nane	kumi na tisa	ishirini
....	....	....
اٹھاراں	انیہ	وی
100	1.000	1.000.000
mia	elfu	milioni
....	....	....
سو	ہزار	ملین

lugha
بولی

Kiingereza

انگریزی

Kiingereza cha Marekani

امریکی انگریزی

Kimandarini cha Uchina

چینی مینڈیرین

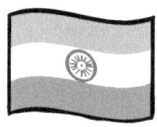

Kihindi

ہندی

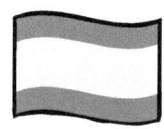

Kihispania

سپینش

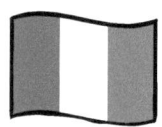

Kifaransa

فرینچ

Kiarabu

عربی

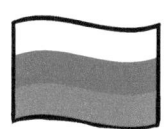

Kirusi

رشئین

Kireno

پرتگالی

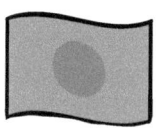

Kibengali

بنگالی

Kijerumani

جرمن

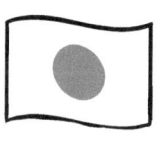

Kijapani

جاپانی

ambao / nini / jinsi

کون/ کی / کیوں

mimi

میں

wewe

توں

yeye / yeye / ni

وہ/وہ/ایہہ

sisi

اسیں

wewe

توں

wao

او

nani?

کون؟

nini?

کی؟

jinsi gani?

کیوں؟

wapi?

کتھے؟

lini?

کدوں؟

jina

ناں

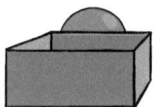

wapi

کتھے

nyuma

پچھے

katika

وچ

mbele ya

نے سامنے

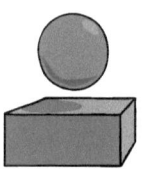

juu ya

تے

kwenye

تے

chini ya

ہیٹھ

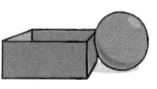

kando

سوا

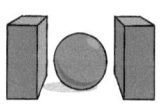

kati

مابین

mahali

جگہ